L'ARISTARQUE MODERNE, AU SALLON.

Hic apum stimulus & mel.

À PARIS,

Chez les Marchands de Nouveautés.

M. DCC. LXXXV.

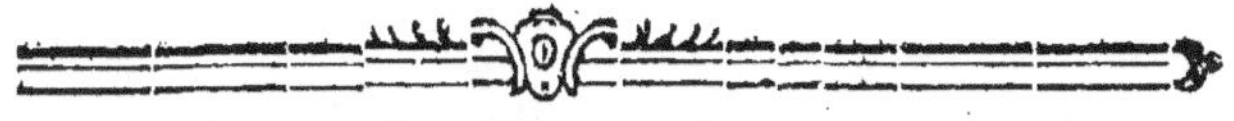

L'ARISTARQUE
MODERNE,
AU SALLON.

Une critique raisonnée, judicieuse & impartiale a, dans tous les temps, contribué au progrès des Sciences & à la perfection des Arts. Nous ne nous vantons pas que la nôtre renferme ces deux premières qualités essentielles ; mais nous avons cru pouvoir hasarder de soumettre nos réflexions au jugement du Public. Notre critique, quoique sévère, a moins pour objet de décourager les Artistes que d'exciter leur émulation.

Sua sunt viris præstantissimis vitia.

Nous passerons souvent sur des N^{os}. qui nous ont échappé, & sur d'autres que nous n'avons pas cru dignes d'observation.

Avant d'entrer en matière, nous prendrons la liberté de n'être pas du sentiment de M. le Marquis de Villette, dont la Lettre est insérée dans le Journal de Paris, du 1er. Septembre. Pourquoi ne seroit-il pas permis aux Peintres comme aux

Poëtes d'aller chercher dans l'antiquité des exemples de valeur , de défintéreffement , de férocité , &c. & d'expofer à nos yeux ces grandes cataftrophes de l'efprit humain, pour les comparer aux événemens de nos jours. Une leçon de morale, tirée de l'Hiftoire moderne, n'eft pas plus propre à réformer le cœur , & à faire aimer la vertu , que fi elle nous étoit tranfmife par l'Hiftoire Grecque ou Romaine. Le divin Fénélon a-t-il moins intéreffé pour avoir fait voyager fon Héros en Grèce & en Sicile, que s'il fe fût borné à lui faire parcourir la Suiffe ? Les Arts n'ont-ils pas déjà affez d'entraves, fans leur en donner de nouvelles ? Chacun fuit la pente de fon caractère & l'impulfion de fon génie. Voilà la raifon pour laquelle les uns fe livrent au payfage , d'autres à faire des marines , ceux-ci à retracer des faits hiftoriques : le génie ne connoît point de bornes. Le compas de la Géométrie n'eft pas fait pour lui ; il franchit les limites des temps , perce dans l'avenir , comme il remonte aux fiècles les plus reculés.

Pictoribus atque Poëtis
Quælibet audendi femper fuit æqua poteftas.

[5]

D'ailleurs qui peut assurer que le siége de
Troie soit une fiction. Les Savans ne sont pas
d'accord sur cet objet. Que la durée du siége, le
cheval de bois, & autres épisodes semblables
aient été inventés par les Poëtes contemporains,
la chose paroît vraisemblable ; mais que tous les
Historiens de ce temps-là, les Poëtes, les an-
ciens monumens se réunissent pour en rapporter
le fait principal, qui n'est éloigné de nous que de
4000 ans, voilà ce qui, je crois, doit opérer la
certitude la plus complette sur son existence.

Le premier tableau qui frappe, en entrant
au Sallon, c'est le portrait de la Reine. Mais est-
ce donc là la grandeur, la noblesse la majesté qui
doivent caractériser notre auguste Souveraine ?
Est-ce là ce sourire plein de finesse, ce coloris sé-
duisant, ces graces répandues sur sa physiono-
mie ? On ne demanderoit pas au Peintre de flat-
ter son modèle, mais seulement de l'imiter.

N°. 1 Quarante-cinq doigts en l'air trop courts,
monotonie dans la composition, quoique
riche ; draperie d'un mauvais choix, couleur sale, les expressions très-heureuses, l'ar-

A 3

chitecture n'est pas aſſez ſacrifiée au tableau ; les roues du char ne ſont pas ſur la même ligne ; terraſſe bouchée, Ciel lourd, un des acteurs de la ſcène, derrière Andromaque, a les deux bras poſés de façon à faire croire qu'il les pouſſe en avant, & les ſupporte difficilement.

2 La Princeſſe qui pleure appuyéeſur ſa main, imitée de Lebrun pour le caractère ; le bras qui ſoutient la tête roide & fluet. La figure du pied du lit dans une attitude forcée & déſagréable : Alexandre d'une tournure ignoble, Épheſtion mal poſé ſur ſes jambes ; cette femme de Darius, épaules étroites, bras mal attachés ; au reſte, le lit, les draperies & autres acceſſoires paſſablement traités ; le jeune fils de Darius bien deſſiné, à cela près du pied qu'il poſe ſur l'autre, poſture impoſſible en partant de la ſituation du genou : en général, de l'invention, la couleur paſſable, la lumière bien diſtribuée, la terraſſe de reſte de palette, le Ciel bouché, les lointains durs.

3 Agréablement compoſé & deſſiné ; la nymphe

[7]

du bout de la table , roide , fur fes jambes ;
les membres bien proportionnés & bien ar-
rondis , fur-tout d'un bon choix de nature.
On defireroit que la couleur locale fût plus
vraie.

4   Jephté tombe mal dans les bras de fon Ecuyer;
la jambe voifine de la fille ne fuit pas le mouvement du corps ; la couleur en général à la
détrempe & fans effet. Les deux figures fur le
fecond plan , à main droite du fpectateur , ne
fe foutiennent pas fur leurs jambes.

5 & 6 Deux jolis tableaux. Les fabriques exé-
cutées avec beaucoup de vérité ; les terraffes
n'ont pas toute la fraîcheur poffible : cependant on regrettera que cet Artifte n'ait pas
toujours travaillé dans le même genre , où la
nature fembloit l'avoir appellé.

7   Nous n'admirons dans ce tableau que le trait
d'Hiftoire , & le généreux dévouement des
Dames Romaines. Nous ne prétendons pas
décourager l'Artifte : peut-être fera-t-il plus
heureux dans une autre compofition. Cette
obfervation fera commune à ceux qui n'au-
ront point de part à nos louanges. L'impartia-

lité que nous nous sommes prescrite, ne nous permet pas de déguiser la vérité.

8   Les traits de ce Roi patriote nous font mal rendus : ce tableau est pauvre d'effet, de deffin & de compofition.

9   Bien compofé. Le bras du petit Moyfe ne nous femble pas attaché à l'épaule ; l'arbre du devant lourd ; la montagne à gauche du fpectateur n'eft pas affez dégradée ; la couleur paffable , l'effet intéreffant.

10   Renaud dans une pofition forcée & contre nature, l'expreffion foible pour un homme yvre d'amour; Armide, de vilains bras ; le Ciel fourd ; la barque trop forte, eu égard au champ du tableau & aux paffagers.

11   Le petit tableau du Nº. 9.

12   Ces deux petits tableaux font d'une touche facile & légere ; trop d'uniformité dans l'enfemble , couleur fauffe.

13   Un grand goût de deffin , de la chaleur dans la compofition, mauvais choix de draperies, des incorrections, mais qu'on paffe dans une efquiffe: couleur déteftable.

14   De la richeffe dans la compofition ; chevaux

fiers, belle préparation pour un grand Tableau.

16 Le deffin du numéro 10.

17 Nous ne parlerons point des deffins compris fous ce numéro, non qu'ils ne méritaffent notre attention ; mais pour nous occuper de Tableaux qui font notre unique objet.

18 Les expreffions horribles, épouvantables : les deux Femmes à main gauche, ni pofées, ni deffinées ; changez moi ces bras, ces jambes, ces têtes, changez moi le tout.

19 Le Tombeau lourd & trop fur le devant, pourquoi l'avoir mis d'une couleur violette, draperies bien jetées, quoique péfantes, Cléopatre trop courte, la couleur locale fraîche, l'effet général impofant.

20 L'Hercule bien mufclé, les draperies lourdes, particuliérement celles d'Alcefte, l'expreffion d'Admete, foible pour un homme qui reconnoît fa femme & qui ne doit pas reffembler aux maris de nos jours, qui voudroient être débarraffés des leurs.

21 Cette efquiffe ne m'a point tombé fous les yeux.

22 Les deux jambes d'Enée trop éloignées l'une de l'autre, d'ailleurs il n'eft point d'aplomb, les expreffions de la femme & de l'enfant mal rendues.

24 Le Vieillard dans une mauvaife pofition, les mufcles du cou trop fentis, la femme d'une expreffion commune, il femble que ce foit un oifeau - mouche qu'elle préfente.

26 Je reconnois dans cette Marine l'Artifte dont la réputation eft fi bien établie. Quel feu ! quel entoufiafme ! quelle chaleur de compofition ! quelle vérité ! tout eft animé, on entend gronder la foudre, le bruit des vagues écumantes, la trace étincelante de l'éclair bleffe l'œil comme dans la nature, on s'intéreffe au Vaiffeau qui va être englouti fous les flots, effets furprenants de lumière : le coin du ciel à main gauche eft d'une beauté raviffante.

27 Il s'en faut beaucoup que ces deux Tableaux du même Artifte ayent le même mérite, l'effet en eft dur & fauvage ; ces Peupliers,

[15]

dans l'un coupent le payfage défagréable-
ment , & cette fabrique fur la montagne
d'un rouge de thuile ; dans l'autre ces deux
Figures , dont l'une tire un âne , l'autre un
cheval , tombent en avant & ne peuvent
fe foutenir dans cette pofition ; on a beau
être penché pour trainer un fardeau , ou
pour courir il faut toujours que le corps
porte fur une jambe.

30 Deux affez beaux Portraits ; celui de Mr.
& le Comte d'Affry , fait le pain de fucre :

31 on auroit pu affeoir M. de Nicolai , car
outre qu'il auroit été plus commodément ,
nous n'aurions pas eu le fpectacle de ce ven-
tre qui ne finit pas ; il faut peindre autant
qu'on le peut les objets en beau.

32 Un Satin admirable ; un bel habit de ve-
lours , rendu comme nature , des cheveux
peignés , frifés & poudrés à la mode :
paffons.

34 Tous ces Tableaux fymmétriques, ces ponts,
& ces avenues, ces alignemens, ces rues, font

35 toujours déplacés dans la peinture , qui
aime le défordre & une nature variée.

43 Belle Tête , draperies pefantes , la cuiffe
allongée , maigre & fluette. Cette vue de
face ne s'ajufte pas avec la hanche.

44 Portrait fier & bien pofé, la main lourde
& d'une couleur livide ; la carnation du
vifage tire fur le violet.

49 Cet excellent Payfagifte enchante l'œil , fa
à touche eft légère & fpirituelle. Le Tableau

54 N°. 49 eft admirable : comme les Fabriques
& l'Architecture font traitées ! On prend
plaifir à fe promener dans les Payfages ;
c'eft la nature dans toute fa magnificence,
beaux réflets de lumière, couleur fédui-
fante.

56

61 De la vérité , un pinceau mou.

58 On ne peut rien voir de plus mauvais, quels
bras étiques ! quelles draperies ! il faut adop-
ter un genre & s'y fixer, on ne peut pas
réuffir également à peindre des fleurs , des
animaux, l'hiftoire & à faire le portrait.

62 De la couleur & de l'effet, le fond trop
noir , le Peintre a voulu repréfenter le
bouillant courroux d'Achille, mais a-t-il bien

[13]

réuffi ? Les chevaux fiérement deffinés, ils galoppent à merveille , le char eft emporté, l'illufion eft complette; les bras d'Hector mauvais; la jambe d'Achille un peu platre , & pas affez détaillée ; la tête d'Hector admirable; les terraffes fraiches & d'un bon ftyle.

63 Le ciel difpute avec le refte, trop de rouge dans les draperies; la jambe qui porte la figure de devant trop avancée.

65 La même fraîcheur & la même vérité, que le Peintre a toujours mifes dans fes Tableaux.

67 Effet terrible, l'expreffion de Pœtus eft dure; il y a cependant dans ce Tableau quelque chofe qui appelle; la lumière m'y femble d'un bel effet.

68 La figure de Pœtus affez bien deffinée, d'une couleur olivâtre, il femble que la confidente d'Arie attende patiemment le moment où fa maîtreffe fe fera donné la mort pour la foutenir. Eft-ce donc-là, la crainte, le faififfement qui doivent s'emparer de l'ame des fpectateurs d'une fcène auffi déchirante.

[14]

70 Le clair de lune du Havre admirable, c'eſt
à Vanderneer reſſuſſité; en citant ce nom je
79 crois faire un éloge complet de l'Artiſte,
dont tous les Tableaux méritent de fixer
également l'attention des curieux.

85 Je traiterai généralement des Tableaux &
Portraits compris ſous ces numéros, la pro-
94 digieuſe fécondité de cet Artiſte ne me laiſ-
ſeroit pas le temps de m'arrêter ſur les autres
Tableaux, trop de lacque & de carmin dans
ſes carnations, des draperies ou rouges, ou
bleues, ou violettes qui tuent le Tableau.

86 L'expreſſion de la Bacchante, Nº. 86,
qui doit être mâle & ſauvage, eſt ici niaiſe
& déſagréable, les genoux matériels ſont
d'une forme dégoûtante. On conſeille à cet
Artiſte, qui promet d'heureux talens, &
qui annonce de la facilité, de changer ſon
ſtyle, & ſur-tout ſa couleur, quelque dé-
férence que nous ayons pour le beau ſexe,
la vérité nous eſt encore plus chère,

Amicus Ariſtoteles, ſed magis amica veritas.

103 On éprouve un ſentiment d'admiration &
une ſorte d'enthouſiaſme en voyant ce Ta-

bleau, fans contredit le plus beau du Sallon.
Je demanderai à M. le Marquis de Villette, fi l'Artifte fixe moins notre admiration, parce qu'il a tiré fon fujet de
l'Hiftoire Romaine. M. David s'avance à
grand pas dans fa carrière, il ne faut pas
cependant qu'il croie être exempt de défauts, nous le prions de ne point s'offenfer,
fi nous ofons toucher à fes lauriers, ce ne
fera point pour les flétrir : entrons dans
quelques details.

La jambe droite du père de Horace eft
trop éclairée, de manière qu'elle femble,
au premier coup - d'œil, appartenir à la
hanche de devant ; l'ombre qu'on remarque fur la cuiffe, paroît la rompre ; les
jambes des trois Horaces trop ouvertes ;
on peut donner du mouvement fans ou-
trer la nature. Etoit-il abfolument nécef-
faire de mettre ces trois Héros fur la même
ligne, ce qui met un peu de monotonie
dans les jambes qui fe fuivent. Au refte,
les caractères font fiers, les bras admirables & bien contraftés, d'un deffin correct,

l'expreſſion noble & fière du premier, annonce que ce ſera lui qui remportera la
victoire. On remarque dans les autres le
même courage , la même fierté républi-
caine, mais non pas la même intrépidité.
Voilà l'art du Peintre , tout doit être ſu-
bordonné à l'action principale, les épiſo-
des ne ſont que de rempliſſage, les ſabres
ſont trop blancs , & imitent mal le fer ,
Rubens les auroit peints en noir , & re-
levés de quelques traits de lumiere ; le
chapiteau de la colonne à droite du ſpec-
tateur , ne ſuit pas la direction du chapiteau de l'autre colonne qui paroît beaucoup plus enfoncée dans ce Tableau que
la précédente , de ſorte que les deux co-
lomnes ne ſont nullement ſur le même
plan ; petits défauts rachetés par de grandes beautés.

La critique eſt aiſée , & l'art eſt difficile.

104   Fort beau Tableau, d'un effet agréable ,
la perſpective aërienne bien entendue, les
jambes de l'Enfant entre celles de Bélizaire roides, la tête du Vieillard admirable ,

ble, la figure à main gauche mal pofée, & les jambes trop écartées.

105 Beau portrait, bien pofé, c'eft la nature même, les mains groffières, le Peintre de portrait n'eft affervi qu'à la reffemblance.

106 Compofition riche, belle ordonnance, le Pyrrhus eft fier, la tête de Priam admirable, les attitudes bien variées, malheureufement l'effet général eft manqué.

107 Bien deffiné, bien compofé, point d'effet.

108 Charmant petit Tableau, bel effet, belle couleur, la Pfyché d'une expreffion divine, celle de l'Amour n'eft pas heureufe; les connoiffeurs ont trouvé trop de longueur du bras au poignet.

110 Couleur brûlée, Philoctète a l'expreffion fort tranquille pour un homme qui fouffre cruellement, & à qui on enlève les flèches de fon ami; les expreffions d'Ulyffe & de Néoptolême, ne font ni vraies, ni nobles.

111 Mauvaife couleur, compofition heureufe, le génou de derrière trop avancé, la hanche déboîtée, intelligence de clair obfcur.

B

112 Effets piquans de la vérité & de l'intel-
113 ligence.

114 Il y auroit quelque chofe de paffable dans
ce Tableau , fi la couleur n'étoit pas gra-
veleufe & éloignée de la vérité.

122 Portraits affez bien traités , fi la couleur
123 étoit meilleure.

125 Fort beaux Payfages, beaucoup de vérité
à & de fraîcheur; touche fpirituelle & lumi-
133 neufe , des détails heureux , des fites agréablement variés ; le ciel dans quelques Tableaux tirant un peu fur le rouge.

134 Cette draperie rouge bleffe les yeux , l'ai-
gle doit foupirer après le réveil du mo-
narque des dieux , car il ne doit pas fe
trouver fort à fon aife.

143 Tous caractères imités de Greufe , mêmes
airs de tête , l'enfant de devant mal pofé
& comme emmaillotté , l'époux trop long
n'eft pas d'aplomb fur fes jambes , la couleur pure & agréable , beaucoup de fini.

148 De la compofition, mauvaife couleur ,
point d'effet.

155 Beaux détails, mauvaife couleur.

156   La lumière bien diſtribuée, la figure du
Bienfaiteur tombe , l'enfant du devant
deux jambes déteſtables, dont l'une paroît monter juſqu'aux oreilles ; le petit
coin de Payſage piquent.

163   On ne peut trop admirer les Payſages de
cet Artiſte ; un jour viendra que les curieux ſe les diſputeront ; compoſitions ri-
ches & ſpirituelles, ſites variés, fraicheur
admirable, effets piquans , la perſpective
aërienne parfaitement bien entendue, ſur-
tout dans les petits Tableaux, où nous
croyons remarquer qu'il réuſſit mieux que
dans les grands ; on lui reproche d'être
ſoyeux & cotonneux , & d'imiter l'émail
par ſon extrême fini. Il n'y a que l'envie
& la mauvaiſe foi qui puiſſent faire de pa-
reils reproches.

175   Le feuiller des arbres ſervile & trop
compté, figures mauvaiſes, détails bien
rendus, qui pourroient-être d'un meilleur
choix de nature, les montagnes à l'horiſon
ne ſont pas aſſez éteintes.

178   De l'harmonie & de l'effet , les linges de

la femme ne contraſtent pas aſſez avec la couleur de chair, les draperies naturelles, le fond du Tableau un peu noir.

179 Bien compoſé, des oppoſitions dures, paſſages trop rapides de l'ombre à la lumière.

180 Ces deux tableaux ſont bien compoſés, de l'effet dans la diſtribution de la lumière, figures bien poſées, couleur terreuſe.

182 Belle figure d'étude.

183 Imitation du Guide, même chair, mêmes effets, les extrémités admirables; cette figure d'étude doit plaire à tout le monde; le bras en l'air pourroit être d'une forme plus heureuſe.

186 Portrait digne de Vandick pour le flou, le moëlleux du pinceau, la ſageſſe, la couleur, la vérité, les draperies, l'intelligence; ce n'eſt ni du rouge, ni du verd, ni du bleu; il en eſt d'un Tableau comme d'un Poëme, les acceſſoires ne doivent pas détruire l'action principale. Nous regardons ce portrait comme un parfait mo-

dele en ce genre, & le premier du Sallon ; on y defireroit feulement que la
jambe & la cuiſſe ne paruſſent pas fe
deſſiner ſi lourdement ſous la draperie.

187 Le Portrait a de l'effet, bien poſé, & bien
deſſiné.

189 Mon ſentiment ſur ce Portrait, ſera le
même du N°. 186, couleur très-fraiche,
les bras nous paroiſſent un peu courts ;
on remarque que le Peintre avoit l'imagi-
nation frappée de ſa fille, ce font ici les
mêmes traits avec quelques changemens ;
les louanges que nous donnons à cet Artiſte ne peuvent pas être ſuſpectes, car nous
ne connoiſſons ni lui, ni aucun des autres.

193 Belle compoſition dans le ſtyle du Do-
minicain, nous aurions préféré de voir le
devant de la tête de l'enfant, la figure
mourante eſt d'un grand caractere ; nous
croyons cependant remarquer qu'un ſujet
de peſte ſembloit comporter un plus grand
nombre de figures.

SCULPTEURS.

Parmi les Sculpteurs on voit avec un plaifir mêlé d'admiration, Pafchal, par M. Pajou ; Pfyché abandonnée, tranfportée de l'expofition à l'attelier de l'Artifte, par le même ; Vauban, par M. Bridan ; Racine , s'il ne reffembloit point à un Evangélifte , par M. Boifot ; Mercure, idem ; la Fontaine par M. Jullien ; l'Amiral Duquefne, par M. Monnot. Quoique les ignorans ayent trouvé que cette Statue n'étoit pas finie.

247 Pujet, par M. Foucon.

123 Ganimède, par M. Jullien.

256 Diogenes, par M. de Seine.

205 Jeune Fille, jouant aux offelets, par M. Bridau.

257 Une Tête, repréfentant le Philofophe, qui , après avoir arraché la langue du Tigre qui devoit le dévorer , regarde Alexandre avec mépris. Cette Tête eft admirable, pour le caractère , & parfaitement bien modelée, par M. de Seine.

253 Une Veſtale, par M. de Moite.

244 Bélizaire, par M. Stouff.

254 Mort de Socrate, par M. Milot.

245 Petit Grouppe d'Hercule, par M. Stouff.

198 Buſte, par M. Pajou

199 Madame le Brun, par le même.

232 Le Roi, par M. Boizot.

261 Philoctète, par M. de Laiſtre.

80 Bas-reliefs à tromper l'œil, ſur-tout ceux
à qui imitent la terre cuite, par M. Sau-
83 vage.

243 Abel mourant, trop décharné, par M.
Stouff.

227 M. De la Rive, par M. Houdou.

Les Miniatures & les Gravures ne ſont pas
de notre reſſort.

Que conclure de nos obſervations, que nous
avons pu facilement relever les défauts de nos
Artiſtes, ſans pouvoir rendre également compte
des beautés ſans nombre de leurs ouvrages.
Depuis long-temps les Académies de Peinture
& de Sculpture n'avoient offert à l'œil des
Amateurs un ſpectacle auſſi impoſant. L'Hiſ-

toire s'y trouve reproduite avec toute fa pompe
& fa magnificence. Choix heureux de Sujets,
variété piquante dans le caractère, favante ordonnance dans les Plans, enfin, diftribution
admirable dans routes les parties; voilà ce qui
rend en général cette expofition encore fupé-
rieure aux précédentes. Quelques pas de plus,
& l'Ecole Françoife verra fes jeunes Artiftes
devenir les émules des Ecoles de Rome &
d'Athènes.

F I N.